btb

Aus Freude am Lesen

btb

Anna Quindlen

GLÜCKLICH LEBEN

Deutsch von
Almuth Carstens

btb

Für Janet Maslin

Niemand hat je auf dem Sterbebett gesagt: Ich wünschte, ich hätte mehr Zeit im Büro zugebracht.« Dieser Satz drückt besser als jeder andere aus, was Anna Quindlen dem Leser in ihrem wundervollen Brevier »Glücklich leben« mit auf den Weg geben will. Denn sie weiß, dass viele Menschen am Ende ihres Lebens bedauern, sich zu wenig auf das Wesentliche, auf Liebe, Freundschaft und das Glück für sich und andere konzentriert zu haben. Mit ihrer beinahe meditativen Anleitung zum

Glücklichsein, die von stimmungsvollen Fotografien begleitet wird, möchte sie dazu verführen, einen Augenblick inne zu halten. Was viele Menschen fürchten, das Wissen um ihre Sterblichkeit, empfindet Anna Quindlen als »das größte Geschenk, das Gott uns gemacht hat«; denn es ermöglicht uns, die Einzigartigkeit und Fülle des Lebens zu erfahren.

GLÜCKLICH LEBEN

Ich bin von meinem Beruf oder meiner Ausbildung her nicht sonderlich dazu qualifiziert, Ratschläge zu erteilen. Eingeweihte wissen, dass ich eine tolle Tomatensoße machen kann, und ich kenne etliche originelle Methoden, ein Baby beim Stillen zu halten, obwohl ich seit Jahren nicht mehr die Gelegenheit hatte, sie anzuwenden. Ich habe einen Blick für schöne Muster und überraschende Farbtupfer und eine wechselvolle, aber bisweilen erfolgreiche Zweitkarriere im Verkuppeln hinter mir.

Allerdings habe ich nie meinen Doktor oder auch nur meinen Magister gemacht. Ich bin keine studierte Ethik-Lehrerin oder Philosophin oder Expertin auf einem bestimmten Gebiet. Jedes Mal, wenn ich eine Rede vor Schulabgängern halte, fühle ich mich ein bisschen wie eine Betrügerin. Und ich denke, dass der Rat des berühmten Baseballspielers Yogi Berra wohl auch nicht schlechter ist als andere: Wenn Sie zu einer Straßengabelung kommen, entscheiden Sie sich dafür!

Ich kann nicht über Volkswirtschaft sprechen, über das Universum oder über die Alma Mater, wie Akademiker ihren Arbeitsplatz gerne nennen, wenn sie sich

irgendwie großartig vorkommen. Ich schreibe Romane. Mein Arbeitsgebiet ist die menschliche Natur. Das wahre Leben ist eigentlich alles, was ich kenne.

Verwechseln Sie die beiden nie, Ihr Leben und Ihre Arbeit. Das ist es, was ich Ihnen zu sagen habe. Das Zweite ist lediglich ein Teil des Ersten. Vergessen Sie nie, was ein Freund einst Senator Paul Tsongas schrieb, als dieser beschlossen hatte, nicht für eine Wiederwahl zu kandidieren, weil man bei ihm Krebs diagnostiziert hatte: »Niemand hat je auf dem Sterbebett gesagt: Ich wünschte, ich hätte mehr Zeit im Büro zugebracht.«

Und vergessen Sie nie die Worte auf

einer Postkarte, die mein Vater mir letztes Jahr schickte: »Auch wenn's die Ratte in der Tretmühle ganz nach oben bringt, bleibt sie doch eine Ratte.«

Oder was John Lennon schrieb, bevor er in der Einfahrt des *Dakota* niedergeschossen wurde: »Leben ist das, was dir widerfährt, während du damit beschäftigt bist, anderweitig Pläne zu schmieden.«

Das ist der einzige Ratschlag, den ich Ihnen geben kann. Wenn Sie sich die Gesichter einer Abschlussklasse anschauen, werden Sie erkennen, dass jeder Schüler, jede Schülerin etwas besitzt, was sonst niemand hat. Wenn Sie nun das College verlassen, gibt es draußen tausende von Men-

schen, die denselben akademischen Grad haben wie Sie; und wenn Sie einen Job suchen, gibt es tausende von Menschen, die das tun, was Sie tun möchten, um Ihren Lebensunterhalt zu verdienen.

Aber Sie sind die einzige Person auf der Welt, die die alleinige Verantwortlichkeit für Ihr Leben hat. Für Ihr ureigenes Leben. Ihr ganzes Leben. Nicht bloß für Ihr Leben am Schreibtisch, Ihr Leben im Auto oder am Computer. Nicht bloß für Ihren Verstand, sondern auch für Ihr Herz. Nicht bloß für Ihr Bankkonto, sondern auch für Ihre Seele.

Über die Seele wird nicht mehr viel geredet. Es ist ja auch wesentlich einfacher, einen Lebenslauf zu verfassen, als spiritu-

elle Kraft zu entfalten. Allerdings bietet ein Lebenslauf wenig Trost in einer Winternacht oder wenn Sie traurig sind oder pleite oder einsam oder wenn Sie einen Röntgenbefund erhalten haben, der nicht so gut aussieht, und der Arzt schreibt: »Prognose: schlecht.«

Hier ist mein eigener, ganz privater Lebenslauf. Er unterscheidet sich von dem, was meinen professionellen Werdegang ausmacht, so stolz ich auch auf meinen Beruf bin.

Ich bin drei wohlgeratenen Kindern eine gute Mutter. Ich versuche mich von meinem Beruf nie davon abhalten zu lassen, auch eine aufmerksame Mutter zu

sein. Ich betrachte mich nicht mehr als den Mittelpunkt des Universums. Ich bin da. Ich höre zu. Ich versuche zu lachen.

Ich bin meinem Mann eine gute Freundin. Ich habe versucht mein Ehegelübde ernst zu nehmen. Ich bin da. Ich höre zu. Ich versuche zu lachen.

Ich wäre eine Versagerin in meinem Beruf oder bestenfalls mittelmäßig, wenn es diese anderen Dinge nicht gäbe. Man kann keine erstklassige Arbeit leisten, wenn man nur noch aus Arbeit besteht.

Der beste Rat, den ich Ihnen geben kann, ist also ziemlich einfach: Leben Sie. Und damit meine ich ein richtiges Leben, nicht das manische Streben nach der nächsten Beförderung, dem höheren Gehalt, dem größeren Haus. Glauben Sie, dass Ihnen all das noch wichtig ist, wenn Sie eines Nachmittags unter der Dusche einen Knoten in Ihrer Brust entdecken?

Leben Sie ein Leben, in dem Sie den Geruch des Salzwassers bewusst wahrnehmen, der vom Wind über die Dünen getragen wird, ein Leben, in dem Sie stehen bleiben und beobachten, wie ein Rotschwanzbussard über dem Teich und dem Fichtenwald kreist. Ein Leben, in dem Sie einem Baby Aufmerksamkeit schenken, das konzentriert die Stirn runzelt, während es mit Daumen und Zeigefinger nach einem Schokoladenkringel greift.

Stellen Sie Ihr Handy ab. Stellen Sie notfalls auch Ihr anderes Telefon ab. Halten Sie inne. Seien Sie präsent.

Leben Sie ein Leben, in dem Sie nicht allein sind. Suchen Sie sich Menschen, die Sie lieben und von denen Sie geliebt werden. Und denken Sie daran, dass Liebe nicht Muße bedeutet, sondern Arbeit. Wenn ich mein Abiturzeugnis betrachte, werde ich jedes Mal daran erinnert, dass ich immer noch Schülerin bin, dass ich Tag für Tag immer noch lerne, Mensch zu sein. Verschicken Sie eine E-Mail. Schreiben Sie einen Brief. Geben Sie Ihrer Mutter einen Kuss. Nehmen Sie Ihren Vater in den Arm.

Leben Sie ein großzügiges Leben.

Schauen Sie zu, wie im Frühling die violetten Blüten der Azaleen aufbrechen, wie in einer kalten Nacht der Vollmond silbern am schwarzen Himmel hängt. Und erkennen Sie, dass das Leben wundervoll ist und Sie nicht das Recht haben, es für selbstverständlich zu halten. Das Gute sollte Ihnen so sehr am Herzen liegen, dass Sie es weitergeben möchten. Nehmen Sie das Geld, das Sie sonst in einer Bar gelassen hätten, und spenden Sie es der Wohlfahrt. Arbeiten Sie in einer Suppenküche. Geben Sie einem Siebtklässler Nachhilfeunterricht.

Wir alle wollen, dass es uns gut geht. Wenn wir jedoch nicht auch selbst Gutes tun, wird uns immer etwas fehlen.

Leben Sie nach den Worten dieses Gedichts von Gwendolyn Brooks:

LEBE DEN MOMENT.
DENN ER IST SCHNELL VERGANGEN.
UND LÄSST SICH NICHT
FÜR GELD NOCH GOLD
SO, WIE ER WAR,
NOCH EINMAL FANGEN.

Das Leben ist kurz. Denken Sie auch daran.

Ich habe das immer gewusst. Oder fast immer. Ich lebe seit Jahrzehnten mit dem Gedanken an die Sterblichkeit – seit meine Mutter an Eierstockkrebs starb, als sie vierzig war und ich neunzehn. Und Folgendes

habe ich aus dieser Erfahrung gelernt: Das Wissen um unsere Sterblichkeit ist das größte Geschenk, das Gott uns gemacht hat.

Es ist so leicht, das Leben zu vergeuden, unsere Tage, unsere Stunden, unsere Minuten. Es ist so leicht, den neuen Trieb an einem Immergrün als selbstverständlich hinzunehmen, den Glanz des Kalksteins in der Fifth Avenue, die Augenfarbe unserer Kinder, die Art und Weise, wie die Melodie einer Sinfonie anschwillt und abebbt und verklingt und wieder einsetzt. Es ist so leicht, nur zu existieren, statt zu leben. Bis einem klar wird, dass da eine Uhr tickt. So viele von uns haben ihr Leben verändert,

als ihnen die biologische Uhr sagte, dass es Zeit sei, Kinder zu bekommen. Doch das leise Ticken dieser Uhr ist nichts im Vergleich mit dem Glockenschlag der Sterblichkeit.

Vielleicht ist es Ihnen ebenso ergangen wie mir. Aus einem sehr ernsten oder traurigen Grund. Sie sind in ihrer Wohnung herumspaziert und haben sich Gedanken darüber gemacht, was Sie wohl zu einer Party anziehen sollten, und sich daran erinnert, dass Sie Katzenstreu oder Toilettenpapier besorgen müssten. Und dann standen Sie unter der Dusche und seiften sich ein, oder Sie lagen beim Arzt auf dem Untersuchungstisch, oder das Telefon klingelte.

Und plötzlich zerbrach Ihre Welt, wie es meine vor vielen Jahren getan hat. Sie zerbrach in ein »Vorher« und ein »Nachher«.

»Vorher« war für mich mein erstes Jahr auf dem College, in dem ich zum ersten Mal in meinem Leben bei Tisch fluchen durfte, ohne gerügt zu werden, um Mitternacht ausgehen konnte, ohne jemandem sagen zu müssen, wohin. »Nachher« war der Beginn dessen, was mein zweites Collegejahr hätte sein sollen, als ich, statt zu studieren, in einem Haus in einer Vorortsiedlung Hackbraten zubereitete und meiner Mutter Morphium verabreichte.

Es ist erstaunlich, wie viel man in einem Jahr lernen kann. Genau wie für Paulus,

der auf dem Weg nach Damaskus von seinem Maultier in den Staub geworfen wurde und zu Gott fand, war das Erwachen hart für mich. Ich weiß nicht, ob ich wirklich viel über die Sterblichkeit oder den Tod oder über Schmerz oder auch Liebe gelernt habe. Doch in den Jahren danach ist mir klar geworden, dass ich durch jenes eine fürchterliche Jahr eine Einsicht in all diese Dinge gewonnen habe, die mir sonst verwehrt geblieben wäre.

»Vorher« und »nachher« hieß für mich nicht nur: vor der Erkrankung meiner Mutter und nach ihrem Tod. Es war für mich auch die Trennungslinie zwischen meinen zwei Bildern von der Welt: dem in

Schwarz-Weiß und dem in Technicolor. Die Lichter gingen an, aus dem traurigsten aller Gründe.

Und ich ging zurück aufs College und schaute mir all die Kids an, die ich kannte und die alles irgendwie öde fanden, die sich nicht sicher waren, ob sie es wirklich schaffen würden, und die das Leben für einen Horrortrip hielten. Und ich wusste, dass ich eine gewaltige Veränderung durchgemacht hatte. Weil ich nie wieder im Stande sein würde, im Leben etwas anderes zu sehen als ein großes Geschenk.

Es ist die reinste Ironie, dass wir so oft vergessen, wie wundervoll das Leben in Wahrheit ist. Dabei haben wir mehr Zeit denn je, uns daran zu erinnern. Die Männer und Frauen vergangener Generationen mussten viele, viele Stunden hart arbeiten, um in völlig beengten Wohnungen zahllose Kinder aufzuziehen. Die Frauen schufteten in Fabriken und Ausbeuterbetrieben und dann auch noch zu Hause, unter zwei Chefs, einem, der sie bezahlte, und einem, der das nicht tat, weil sie mit ihm verheiratet waren.

Heute gibt es in den Vereinigten Staaten Immigranten, die immer noch so schwer arbeiten; doch die meisten von uns fahren schöne Autos und leben in geräumigen Wohnanlagen mit Terrassen und Swimmingpools – alles Dinge, die unsere Großel-

tern für die Privilegien reicher Leute hielten. Und dennoch – statt uns zu freuen, erscheint uns das Glas halb leer. Unsere Jobs verlangen uns zu viel ab, wir verdienen nicht genug. Wir sollen doch tatsächlich die Kinder aus dem Kindergarten abholen und gleichzeitig zu Hause das Essen in der Mikrowelle aufwärmen.

Aber seien wir doch mal ehrlich: Wir sind so reich, dass es fast schon peinlich ist. Das Leben meint es gut mit uns.

Ich spreche nicht von kosmischen Dimensionen. Ich sehe mein Leben oder meine Welt nie in großen, kosmischen Dimensionen. Ich sehe es in seinen kleinen Komponenten: in den Schneeflocken, den

Narzissen, dem Gefühl, wenn eins meiner Kinder sich dicht neben mir aufs Sofa kuschelt, dem Anblick meines Mannes, wenn er bei der Lampe sitzt und liest, in Fettuccine Alfredo und Nougatpralinen, in *Vom Winde verweht* und *Stolz und Vorurteil.* Das Leben besteht aus Momenten, kleinen Splittern glitzernden Marienglases in einem langen Streifen grauen Zements. Es wäre wundervoll, wenn sie uns ungerufen erscheinen würden, aber besonders in einem so geschäftigen Leben, wie es die meisten von uns heutzutage führen, geschieht dies nicht. Wir müssen lernen, ihnen Platz einzuräumen, sie zu lieben und zu leben – *richtig* zu leben.

Ich habe vor vielen Jahren zu leben gelernt. Mir widerfuhr etwas wirklich Schreckliches, etwas, was mein Leben auf eine Weise veränderte, auf die ich, hätte ich die Wahl gehabt, gern verzichtet hätte. Und was ich daraus gelernt habe, erscheint mir heute manchmal als das Schwierigste überhaupt.

Ich habe gelernt, den Weg zu lieben, nicht das Ziel. Ich habe gelernt, dass unser Alltag keine Generalprobe eines Stückes ist, das wir erst später einmal richtig aufführen werden, und dass das Heute alles ist, was wir wirklich haben.

Ich habe gelernt, das Gute in der Welt wahrzunehmen und ein bisschen davon

weiterzugeben, weil ich absolut und zutiefst daran glaube, dass dies das einzig Richtige ist. Und ich versuche, das auch dadurch zu tun, indem ich anderen erzähle, was ich gelernt habe – selbst wenn viele Menschen finden, dass ich mich anhöre wie eine Träumerin. Ich sage ihnen: Schaut die Lilien auf dem Feld an. Spürt den Flaum auf dem Ohr eines Babys. Setzt euch mit einem Buch in den Garten und genießt den Sonnenschein. Lernt, glücklich zu sein. Und lebt das Leben, als ob ihr eine tödliche Krankheit hättet, weil ihr es dann mit Freude und Leidenschaft lebt, so, wie es gelebt werden sollte.

Jeder von Ihnen da draußen kann all

das lernen. Sie müssen sich nur ein Leben zulegen, ein echtes Leben, ein erfülltes Leben. Ein Berufsleben, ja, aber auch noch ein anderes Leben. Der Unterricht ist nie vorbei. Das Klassenzimmer ist überall. Die Abschlussprüfung erfolgt erst am Lebensende. Niemand hat je auf dem Sterbebett gesagt: Ich wünschte, ich hätte mehr Zeit im Büro zugebracht.

Einem meiner besten Lehrer bin ich vor vielen Jahren auf der Strandpromenade von Coney Island begegnet. Es war Dezember, und ich arbeitete an einer Story über Obdachlose und das, was sie in den Wintermonaten durchmachen. Wir saßen am Rand eines Holzstegs, ließen unsere Beine

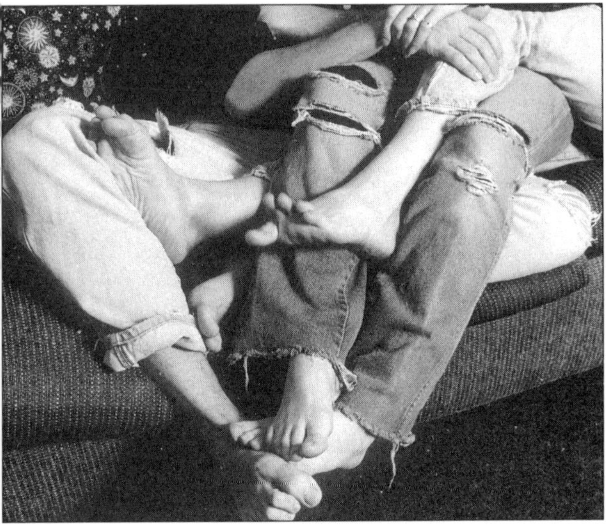

baumeln, und er berichtete mir von seinem Tagesablauf; wie er auf dem Boulevard bettelte, wenn die Sommergäste sich verzogen hatten, in einer Kirche schlief, wenn die Temperatur unter den Gefrierpunkt sank, sich im *Tilt-A-Whirl* oder im *Cyclone* oder irgendeinem anderen Karussell vor der Polizei versteckte.

Aber, so erzählte er mir, die meiste Zeit verbringe er auf der Strandpromenade, dem Wasser zugewandt, so, wie wir jetzt dasaßen, sogar, wenn es kalt wurde und er sich in seine Zeitungen hüllen musste, nachdem er sie gelesen hatte. Und ich fragte ihn, wieso. Wieso ging er nicht in ein Obdachlosenheim? Wieso machte er keine Entziehungskur in einem Krankenhaus?

Und er starrte aufs Meer hinaus und sagte: »Schauen Sie sich doch nur diese Aussicht an, junge Frau. Diese Aussicht!«

Und ich versuche jeden Tag, auf irgendeine Weise das zu tun, was er mir riet. Ich versuche mir die Aussicht anzuschauen. Das ist alles. Die weisen Worte eines Mannes, der kein Zehncentstück in der Tasche, kein Ziel, keine Wohnung hatte. Schauen Sie sich diese Aussicht an. Wenn ich das tue, werde ich nie enttäuscht.

ÜBER DIE AUTORIN

Anna Quindlen ist die Autorin von drei Romanbestsellern – »Lebenslinien«, »Die Seele des Ganzen« und »Kein Blick zurück« – und eine der bekanntesten Journalistinnen Amerikas. Für ihre Kolumne in der New York Times erhielt sie 1992 den Pulitzerpreis. Anna Quindlen gehört zu den wenigen Schriftstellern, die mit ihren Büchern Kritik und Publikum gleichermaßen begeistern. Dem Buch »Glücklich leben« liegt eine Rede zugrunde, die sie vor der Abschlussklasse eines Colleges gehalten hat.

Bildnachweis:
Bettmann/Corbis 6; Kelly-Mooney/Corbis 9; Hulton Getty/Stone 12; Bettmann/Corbis 14–15; Margaret Ely/Swanstock/Image Bank 17; FPG International 18–19; David Zickl/Swanstock/Image Bank 20; E. O. Hoppé/Corbis 23; Bullaty/Lomeo/Image Bank 26–27; George Forss, Cambridge, N. Y. 29; Gandee Vasan/Stone 30; Luis Veiga/Image Bank 32; Dennis Stock/Magnum Photos 35; David Muench/Corbis 36; David Troncoso/nonstock 38–39; FPG International 40; Carol Vanselow/Swanstock/Image Bank 43; Adam Jahiel/Swanstock/Image Bank 46–47; Peter Zander/nonstock 49; Dewitt Jones/Corbis 50; Jean Schnell/nonstock 53; Hulton Getty/Stone 54; Paul Kaye; Cordaiy Photo Library Ltd./Corbis 57; Christian Lichtenberg/nonstock 58–59. Bildauswahl: Sarah Longacre

Die Originalausgabe erschien 2000 unter dem Titel
»A Short Guide to a Happy Life«
bei Random House, New York.

Umwelthinweis:
Alle bedruckten Materialien dieses Taschenbuches
sind chlorfrei und umweltschonend.

btb Bücher erscheinen im Goldmann Verlag,
einem Unternehmen der Verlagsgruppe Random House

1. Auflage
Genehmigte Taschenbuchauflage Januar 2003

Umschlaggestaltung: Design Team München
Umschlagfoto: Wolf Huber
Satz: Uhl + Massopust, Aalen
Druck und Bindung: RMO & Welte, München
VS · Herstellung: Augustin Wiesbeck
Made in Germany
ISBN 3-442-73052-X
www.btb-verlag.de

Anna Quindlen bei btb-TB

KEIN BLICK ZURÜCK
Roman (72716)

LEBENSLINIEN
Roman (72048)

DIE SEELE DES GANZEN
Roman (72073)

FAMILIENSACHE/
DIE SEELE DES GANZEN
Roman (72558)

Anna Quindlen bei btb-HC

DES LEBENS FÜLLE
Roman (75099)